스마트폰에서 콜롬북스 어플 설치하고 회원가입 후
MP3 파일을 다운받아 바로 듣자!!

❶ 앱스토어 또는 구글플레이어 스토어에서 콜롬북스 어플 다운로드 후 설치한다.
❷ 회원가입 후 검색창에 도서 제목을 정확히 입력하거나 아래의 QR코드를 스캔한다.
❸ MP3 파일을 다운로드 해서 듣는다.
❹ 그외 더 다양한 서비스 이용가능

  스마트폰에서 콜롬북스 어플을 설치한 후
QR코드를 스캔하면 MP3 파일을 바로
다운로드 할 수 있습니다.

씬나게 시작하는
영어
첫걸음

영어교재연구원 엮음

도서
출판 **YEGA**

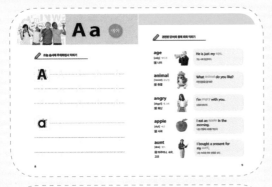

1 영어의 첫걸음은 대문자와 소문자를 순서에 맞게 여러 번 쓰면서 알파벳을 익히는 것입니다. 알파벳을 익히는 것 외에 관련 단어와 문장까지 함께 수록하여 체계적으로 정리하였습니다. 단어의 악센트 부분을 진하게 표시하였으니 주의하면서 읽어 보세요.

2 알파벳을 익힌 후 기초 단어를 여러 번 써 보고 간단한 문장으로 연결해 보세요. 빈칸 채우기로 암기한 단어를 다시 확인하면 문장 구조도 자연스럽게 익힐 수 있습니다. 영어의 시작을 이 한 권으로 완벽하게 마스터해 보세요.

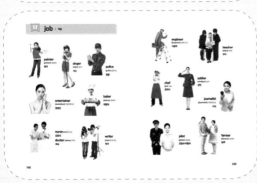

3 자주 쓰이는 기초 단어를 그림과 함께 수록하였습니다. 단어만 암기하면 재미없고 지루하므로 그림을 적절히 배치하여 시각적 효과를 극대화하였습니다. 일상생활과 연계하여 학습해 보세요. 점점 늘어나는 단어 실력을 느끼실 수 있습니다.

4 영어는 한국어와 배열이 다릅니다. 언어를 풍부하게 해 주는 수식어와 피수식어는 상황에 따라 달라져서 한국어와 공통점도 있고 차이점도 있습니다. 간단한 문법을 정리하고 넘어가면 쉽게 할 수 있어요. 아울러 잘못 쓰이는 콩글리시도 같이 알아봐요.

CONTENTS

PART 1

알파벳 **A a** ···· 8	알파벳 **B b** ···· 12
알파벳 **C c** ···· 16	알파벳 **D d** ···· 20
알파벳 **E e** ···· 24	알파벳 **F f** ···· 28
알파벳 **G g** ···· 32	알파벳 **H h** ···· 36
알파벳 **I i** ···· 40	알파벳 **J j** ···· 44
알파벳 **K k** ···· 48	알파벳 **L l** ···· 52
알파벳 **M m** ···· 56	알파벳 **N n** ···· 60
알파벳 **O o** ···· 64	알파벳 **P p** ···· 68
알파벳 **Q q** ···· 72	알파벳 **R r** ···· 76
알파벳 **S s** ···· 80	알파벳 **T t** ···· 84
알파벳 **U u** ···· 88	알파벳 **V v** ···· 92
알파벳 **W w** ···· 96	알파벳 **X x** ···· 100
알파벳 **Y y** ···· 104	알파벳 **Z z** ···· 108

PART 2

기본 단어 ···· 128
기본 표현 ···· 150
기본 문법 ···· 154

PART 1

알파벳과
영어 발음 익히기

A	B	C	D	E
에이	비-	씨-	디-	이-

F	G	H	I	J
에프	쥐-	에이치	아이	제이

K	L	M	N	O
케이	엘	엠	엔	오

P	Q	R	S	T
피-	큐-	알-	에스	티-

U	V	W	X	Y
유-	뷔-	더블유-	엑스	와이

Z
지-

a	b	c	d	e
에이	비-	씨-	디-	이-

f	g	h	i	j
에프	쥐-	에이치	아이	제이

k	l	m	n	o
케이	엘	엠	엔	오

p	q	r	s	t
피-	큐-	알-	에스	티-

u	v	w	x	y
유-	뷔-	더블유-	엑스	와이

z
지-

A a

 쓰는 순서에 주의하면서 익히기

A A A A A

A A A A A

A A A A A

a a a a a

a a a a a

a a a a a

관련된 단어와 함께 회화 익히기

age
[éidʒ] 에이쥐
⻈ 나이

He is just my age.

그는 나와 동갑이다.

angry
[ǽŋgri] 앵그리
⻈ 화난

I'm angry with you.

너에게 화났어.

animal
[ǽnəml] 애너멀
⻈ 동물

What animal do you like?

어떤 동물을 좋아해?

apple
[ǽpl] 애플
⻈ 사과

I eat an apple in the morning.

나는 아침에 사과를 먹는다.

aunt
[ǽnt] 엔트
⻈ 아주머니, 숙모, 고모

I bought a present for my aunt.

나는 숙모를 위해 선물을 샀다.

age

angry

animal

apple

aunt

He is just my _____ .

그는 나와 동갑이다.

I'm _____ with you.

너에게 화났어.

What _____ do you like?

어떤 동물을 좋아해?

I eat an _____ in the morning.

나는 아침에 사과를 먹는다.

I bought a present for my _____ .

나는 숙모를 위해 선물을 샀다.

B b

비-

B B B B B

B B B B B

B B B B B

b b b b b

b b b b b

b b b b b

12

bag
[bǽg] 백
(명) 가방, 주머니

I've lost my bag.
나는 가방을 잃어버렸다.

banana
[bənǽnə] 버내너
(명) 바나나

Let's make a cake with a banana.
바나나로 케이크를 만들자.

bird
[bə́ːrd] 버-드
(명) 새, 조류

I can hear birds singing.
새들이 노래하는 것을 들을 수 있다.

bread
[bréd] 브레드
(명) 빵

I like bread and butter.
나는 빵과 버터를 좋아한다.

bus
[bʌ́s] 버스
(명) 버스

Buses are cheaper than taxis.
버스는 택시보다 싸다.

MP3 파일 들으면서 단어 따라 쓰기

bag

banana

bird

bread

bus

I've lost my _____.

나는 가방을 잃어버렸다.

Let's make a cake with a _____.

바나나로 케이크를 만들자.

I can hear _____ singing.

새들이 노래하는 것을 들을 수 있다.

I like _____ and butter.

나는 빵과 버터를 좋아한다.

_____ are cheaper than taxis.

버스는 택시보다 싸다.

15

C c 씨-

 쓰는 순서에 주의하면서 익히기

C ①

c ①

관련된 단어와 함께 회화 익히기

cat
[kǽt] 캣
圐 고양이

The cat is sitting on the sofa.
고양이가 소파에 앉아 있다.

cheese
[tʃíːz] 치-즈
圐 치즈

I don't like cheese.
나는 치즈를 좋아하지 않는다.

child
[tʃáild] 차일드
圐 어린이

The child talks like a man.
그 아이는 어른스럽게 말한다.

cook
[kúk] 쿡
圐 요리하다
圐 요리사

He is the best cook.
그는 최고의 요리사이다.

cut
[kʌ́t] 컷
圐 자르다, 베다

Ouch! I cut my finger.
아야! 손가락을 베었어.

MP3 파일 들으면서 단어 따라 쓰기

cat

cheese

child

cook

cut

문장에 알맞는 영단어 채우기

The _____ is sitting on the sofa.

고양이가 소파에 앉아 있다.

I don't like _____.

나는 치즈를 좋아하지 않는다.

The _____ talks like a man.

그 아이는 어른스럽게 말한다.

He is the best _____.

그는 최고의 요리사이다.

Ouch! I _____ my finger.

아야! 손가락을 베었어.

D d 디-

①② D ---- D ---- D ---- D ---- D

D ---- D ---- D ---- D ---- D

D ---- D ---- D ---- D ---- D

①② d ---- d ---- d ---- d ---- d

d ---- d ---- d ---- d ---- d

d ---- d ---- d ---- d ---- d

dad
[dǽd] 대디
명 아빠

My **dad** is always busy.

나의 아빠는 항상 바쁘시다.

dish
[díʃ] 디쉬
명 접시, 음식

What is the main **dish** of today?

오늘의 주요리는 무엇입니까?

doctor
[dáktər] 닥터
명 의사, 박사

Would you please call a **doctor** for me?

의사 좀 불러주시겠어요?

doll
[dál] 달
명 인형

Dad gave me a **doll** as a present.

아빠가 선물로 인형을 주셨다.

dollar
[dálər] 달러
명 달러
(미국의 화폐단위)

Would you lend me five **dollars**?

5달러만 빌려주시겠어요?

MP3 파일 들으면서 단어 따라 쓰기

dad

dish

doctor

doll

dollar

My _____ is always busy.

나의 아빠는 항상 바쁘시다.

What is the main _____ of today?

오늘의 주요리는 무엇입니까?

Would you please call a _____ for me?

의사 좀 불러주시겠어요?

Dad gave me a _____ as a present.

아빠가 선물로 인형을 주셨다.

Would you lend me five _____?

5달러만 빌려주시겠어요?

E e 이-

 쓰는 순서에 주의하면서 익히기

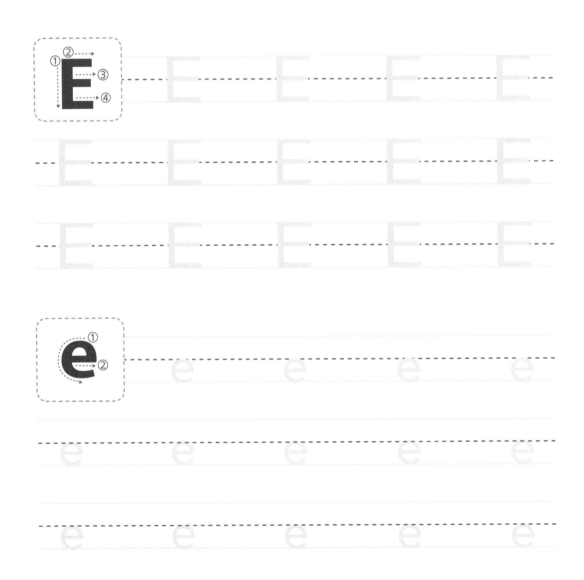

earth

[ə́ːrθ] 어-쓰

명 지구, 흙, 땅

The earth is round.

지구는 둥글다.

eat

[íːt] 이-트

동 먹다

I don't eat vegetables.

나는 야채를 먹지 않는다.

egg

[ég] 에그

명 계란, 달걀

I like boiled eggs.

나는 삶은 달걀을 좋아한다.

end

[énd] 엔드

동 끝내다, 끝나다
명 끝

When will the concert end?

콘서트는 언제 끝나요?

eraser

[iréisər] 이레이서

명 지우개

I'm looking for an eraser.

지우개를 찾고 있어요.

earth

eat

egg

end

eraser

The _____ is round.

지구는 둥글다.

I don't _____ vegetables.

나는 야채를 먹지 않는다.

I like boiled _____ .

나는 삶은 달걀을 좋아한다.

When will the concert _____ ?

콘서트는 언제 끝나나요?

I'm looking for an _____ .

지우개를 찾고 있어요.

F f 에프

 쓰는 순서에 주의하면서 익히기

famous
[féiməs] 페이머스
형 유명한

France is famous for art.
프랑스는 예술로 유명하다.

father
[fáːðər] 파-더
명 아버지

I am the father of two children.
나는 두 아이의 아버지이다.

fish
[fiʃ] 피쉬
명 물고기

Fish live at sea or river.
물고기는 바다나 강에 산다.

flower
[fláuər] 플라워
명 꽃

What a beautiful flower it is!
얼마나 아름다운 꽃인가!

friend
[frénd] 프렌드
명 친구

Who's your best friend?
당신의 가장 친한 친구는 누구입니까?

MP3 파일 들으면서 단어 따라 쓰기

famous

father

fish

flower

friend

문장에 알맞는 영단어 채우기

 France is _____ for art.

프랑스는 예술로 유명하다.

 I am the _____ of two children.

나는 두 아이의 아버지이다.

 _____ live at sea or river.

물고기는 바다나 강에 산다.

 What a beautiful _____ it is!

얼마나 아름다운 꽃인가!

 Who's your best _____?

당신의 가장 친한 친구는 누구입니까?

G g 쥐-

 쓰는 순서에 주의하면서 익히기

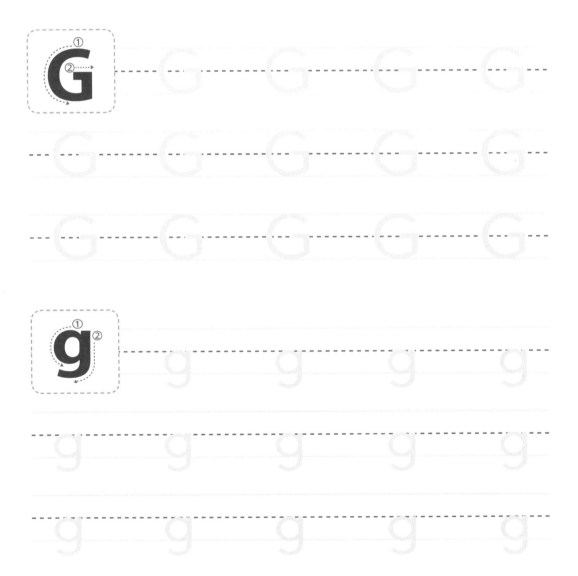

game

[géim] 게임

몡 놀이, 게임

Would you like to play
a card game?

카드 게임 하시겠어요?

glass

[glǽs] 글래스

몡 유리잔, 유리

She poured some milk
into a glass.

그녀는 유리잔에 우유를 좀 부었다.

glove

[glʌ́v] 글러브

몡 장갑

My gloves are made
of leather.

내 장갑은 가죽으로 만들어졌다.

gold

[góuld] 골드

몡 황금

My mom's ring is
made of gold.

엄마의 반지는 금으로 만들어졌다.

grand mother

[grǽndmʌ̀ðər]
그랜드머더

몡 할머니

My grandmother is good
at cooking.

나의 할머니는 요리를 잘 하신다.

game

glass

glove

gold

grandmother

문장에 알맞는 영단어 채우기

Would you like to play a card _____ ?

카드 게임 하시겠어요?

She poured some milk into a _____ .

그녀는 유리잔에 우유를 좀 부었다.

My _____ are made of leather.

내 장갑은 가죽으로 만들어졌다.

My mom's ring is made of _____ .

엄마의 반지는 금으로 만들어졌다.

My _____ is good at cooking.

나의 할머니는 요리를 잘 하신다.

H h 에이치

 쓰는 순서에 주의하면서 익히기

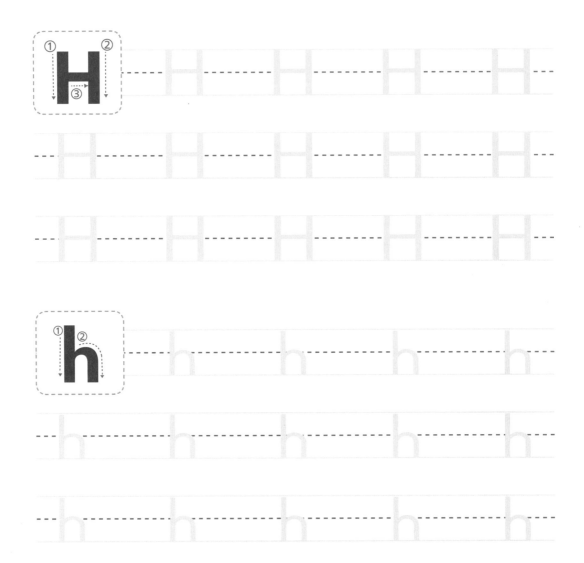

관련된 단어와 함께 회화 익히기

happy
[hǽpi] 해피

휑 행복한, 기쁜

I'm feeling very happy today.

오늘 기분이 너무 좋아요.

hat
[hǽt] 햇

명 모자

Please take off your hat.

모자를 벗어 주세요.

hear
[híər] 히어

동 듣다, 들리다

I heard a knock on the door.

나는 문 두드리는 소리를 들었다.

hour
[áuər] 아워

명 시간, 시각, 때

One day is 24 hours.

하루는 24시간이다.

house
[háus] 하우스

명 집

My house is a two story house.

우리집은 2층 집이다.

happy

hat

hear

hour

house

38

I'm feeling very _____ today.

오늘 기분이 너무 좋아요.

Please take off your _____ .

모자를 벗어 주세요.

I _____ a knock on the door.

나는 문 두드리는 소리를 들었다.

One day is 24 _____ .

하루는 24시간이다.

My house is a two story _____ .

우리집은 2층 집이다.

I i

아이

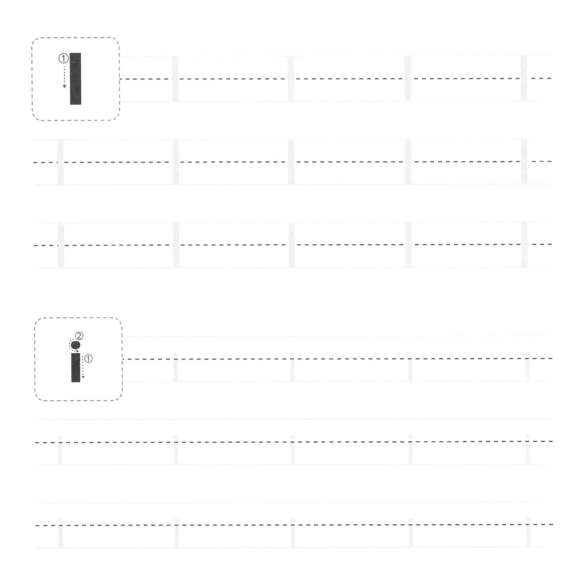

ice
[áis] 아이스
몡 얼음

Give me some ice, please.

얼음 좀 주세요.

idea
[aidíːə] 아이디어
몡 생각, 견해, 아이디어

I have a good idea.

저에게 좋은 생각이 있습니다.

ill
[íl] 일
휑 병든

I felt too ill to go to school.

나는 너무 아파서 학교에 갈 수 없었다.

in
[ín] 인
젠 ~의 안에, ~안에

The dog is in the box.

개가 상자 안에 있다.

interest
[íntərəst] 인터레스트
몡 흥미, 관심, 이익, 이자

I watched him with interest.

나는 그를 관심을 가지고 지켜보았다.

ice

idea

ill

in

interest

Give me some _____, please.

얼음 좀 주세요.

I have a good _____.

저에게 좋은 생각이 있습니다.

I felt too _____ to go to school.

나는 너무 아파서 학교에 갈 수 없었다.

The dog is _____ the box.

개가 상자 안에 있다.

I watched him with _____.

나는 그를 관심을 가지고 지켜보았다.

J j

 쓰는 순서에 주의하면서 익히기

J ①

j ② ①

Japan
[dʒəpǽn] 저팬
명 일본

Japan is an island country.
일본은 섬나라이다.

jewel
[dʒúːəl] 쥬우얼
명 보석

The jewel is very expensive.
그 보석은 대단히 비싸다.

job
[dʒáb] 잡
명 직업, 일

I want to have an interesting job.
나는 흥미로운 직업을 갖고 싶다.

juice
[dʒúːs] 쥬-스
명 주스

What kind of juice would you like?
어떤 주스로 드릴까요?

jungle
[dʒʌ́ŋgl] 정글
명 밀림

The monkey's house is a jungle.
원숭이의 집은 정글이다.

Japan

jewel

job

juice

jungle

_____ is an island country.

일본은 섬나라이다.

The _____ is very expensive.

그 보석은 대단히 비싸다.

I want to have an interesting _____.

나는 흥미로운 직업을 갖고 싶다.

What kind of _____ would you like?

어떤 주스로 드릴까요?

The monkey's house is a _____.

원숭이의 집은 정글이다.

K k

 쓰는 순서에 주의하면서 익히기

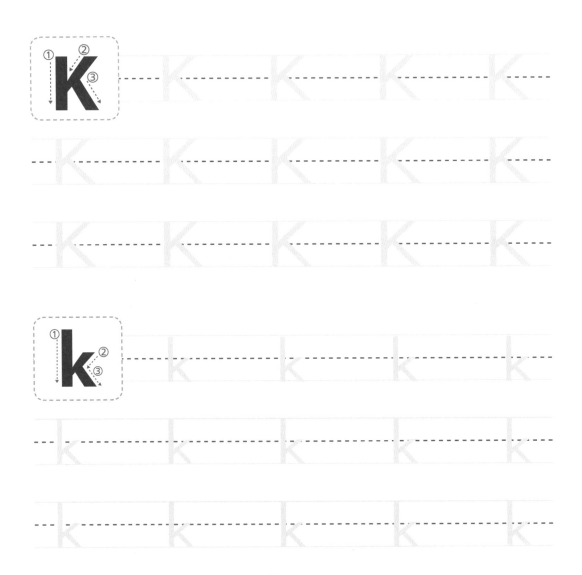

key

[kíː] 키-

명 열쇠

I left my keys at home.

열쇠를 집에 두고 왔다.

kick

[kík] 킥

동 발로 차다

명 발로 차기

Don't kick the door, please.

문을 발로 차지 말아주세요.

kid

[kíd] 키드

명 어린애

How many kids do you have?

얼마나 많은 아이들이 있으세요?

king

[kíŋ] 킹

명 왕

The king lives in a palace.

왕은 궁전에 산다.

knife

[náif] 나이프

명 칼

She cut the apple in half with a knife.

그녀는 칼로 사과를 반 잘랐다.

key

kick

kid

king

knife

문장에 알맞는 영단어 채우기

I left my _____ at home.

열쇠를 집에 두고 왔다.

Don't _____ the door, please.

문을 발로 차지 말아주세요.

How many _____ do you have?

얼마나 많은 아이들이 있으세요?

The _____ lives in a palace.

왕은 궁전에 산다.

She cut the apple in half with a _____.

그녀는 칼로 사과를 반 잘랐다.

L l

엘

 쓰는 순서에 주의하면서 익히기

lamp

[lǽmp] 램프

명 등, 등불

The lamp is on the table.

그 등불은 테이블 위에 있다.

letter

[létər] 레터

명 편지, 글자

I am glad to receive your letter.

너의 편지를 받아 기쁘다.

love

[lʌ́v] 러브

동 사랑하다 명 사랑

Jane loves her parents.

제인은 그녀의 부모를 사랑한다.

luck

[lʌ́k] 럭

명 운, 행운

I hope you are full of luck.

너에게 행운이 가득하길 바라.

lunch

[lʌ́ntʃ] 런취

명 점심

What would you like for lunch?

점심으로 무엇을 먹겠니?

lamp

letter

love

luck

lunch

The _____ is on the table.

그 등불은 테이블 위에 있다.

I am glad to receive your _____.

너의 편지를 받아 기쁘다.

Jane _____ her parents.

제인은 그녀의 부모를 사랑한다.

I hope you are full of _____.

너에게 행운이 가득하길 바라.

What would you like for _____?

점심으로 무엇을 먹겠니?

M m 엠

 쓰는 순서에 주의하면서 익히기

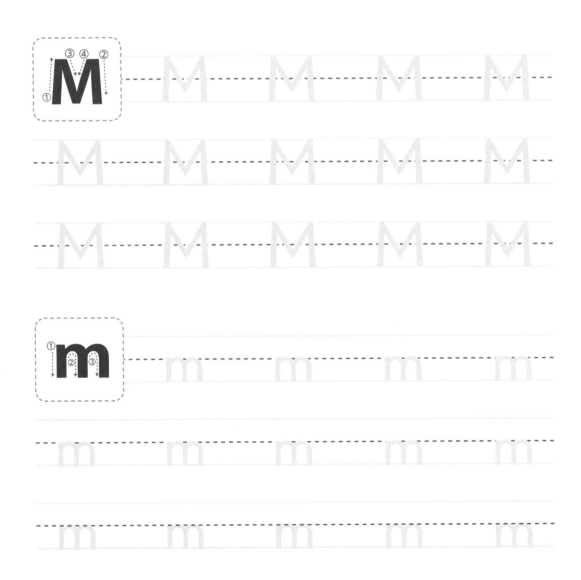

관련된 단어와 함께 회화 익히기

map

[mǽp] 맵

명 지도

Could you mark it on the map?

지도에 표시해 주시겠어요?

marry

[mǽri] 메리

동 결혼하다

She decided to marry him.

그녀는 그와 결혼하기로 결심했다.

melon

[mélən] 멜런

명 멜론

I ate melon for dessert.

디저트로 메론을 먹었다.

mirror

[mírə(r)] 미러

명 거울

A mirror reflects your face.

거울은 얼굴을 비춘다.

moon

[múːn] 무운

명 달

Today is the full moon.

오늘은 보름달이다.

map

marry

melon

mirror

moon

Could you mark it on the   ?

지도에 표시해 주시겠어요?

She decided to   him.

그녀는 그와 결혼하기로 결심했다.

I ate   for dessert.

디저트로 메론을 먹었다.

A   reflects your face.

거울은 얼굴을 비춘다.

Today is the full   .

오늘은 보름달이다.

N n 엔

 쓰는 순서에 주의하면서 익히기

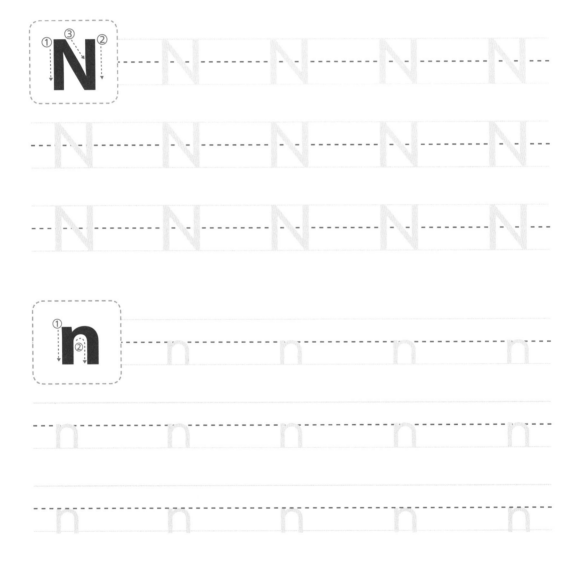

news

[njúːz] 뉴-즈

명 뉴스, 소식

Where did you hear that news?

그 소식은 어디서 들었습니까?

noise

[nɔ́iz] 노이즈

명 시끄러운 소리,
잡음

The work made a lot of noise.

그 일은 많은 소음을 만들었다.

nose

[nóuz] 노우즈

명 코

I fell down and hurt my nose.

넘어져서 코를 다쳤어요.

note

[nóut] 노-트

명 메모, 기록
동 적어두다, 주의하다

The man is writing a note.

남자가 메모를 하고 있다.

nurse

[nə́rs] 너-스

명 간호사

My dream is to become a nurse.

나의 꿈은 간호사가 되는 것입니다.

MP3 파일 들으면서 단어 따라 쓰기

news

noise

nose

note

nurse

문장에 알맞는 영단어 채우기

Where did you hear that ⬚⬚⬚⬚ **?**

그 소식은 어디서 들었습니까?

The work made a lot of ⬚⬚⬚⬚ **.**

그 일은 많은 소음을 만들었다.

I fell down and hurt my ⬚⬚⬚⬚ **.**

넘어져서 코를 다쳤어요.

The man is writing a ⬚⬚⬚⬚ **.**

남자가 메모를 하고 있다.

My dream is to become a ⬚⬚⬚⬚ **.**

나의 꿈은 간호사가 되는 것입니다.

 쓰는 순서에 주의하면서 익히기

office
[ɔ́:fis] 오피스
몡 사무실

Where is your office location?
사무실이 어디에 있죠?

oil
[ɔ́il] 오일
몡 기름

Oil is lighter than water.
기름은 물보다 가볍다.

open
[óupən] 오-픈
통 열다

Don't open the door.
문을 열지 마세요.

orange
[ɔ́:rindʒ] 오린쥐
몡 오렌지

I like orange juice.
나는 오렌지 주스를 좋아한다.

order
[ɔ́:rdər] 오-더
몡 주문, 명령
통 주문하다, 명령하다

Would you like to order?
주문 하시겠어요?

65

office

oil

open

orange

order

Where is your _____ location?

사무실이 어디에 있죠?

_____ is lighter than water.

기름은 물보다 가볍다.

Don't _____ the door.

문을 열지 마세요.

I like _____ juice.

나는 오렌지 주스를 좋아한다.

Would you like to _____ ?

주문 하시겠어요?

P p

 쓰는 순서에 주의하면서 익히기

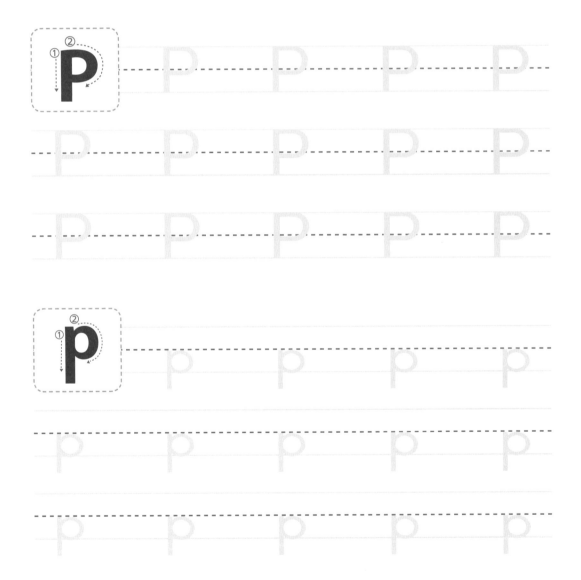

party

[páːrti] 파-티

명 모임, 화합, 파티

Today is my birthday **party**.

오늘은 내 생일파티야.

pen

[pén] 펜

명 펜

Do you have a **pen**?

펜이 있나요?

picnic

[píknik] 피크닉

명 소풍

Let's go on a **picnic**.

소풍가자.

picture

[píktʃər] 픽처

명 그림, 사진

I like this **picture** best.

나는 이 사진이 제일 좋다.

potato

[pətéitou]

퍼테이토우

명 감자

Potatoes are used in many dishes.

감자는 많은 음식에 사용된다.

party

pen

picnic

picture

potato

문장에 알맞는 영단어 채우기

Today is my birthday _____.

오늘은 내 생일파티야.

Do you have a _____?

펜이 있나요?

Let's go on a _____.

소풍가자.

I like this _____ best.

나는 이 사진이 제일 좋다.

_____ are used in many dishes.

감자는 많은 음식에 사용된다.

Q q 큐-

 쓰는 순서에 주의하면서 익히기

Q Q Q Q Q

Q Q Q Q Q

Q Q Q Q Q

q q q q q

q q q q q

q q q q q

quarter

[kwɔ́ːrtər] 쿼-터

명 15분, 4분의 1

It's quarter past eight now.

지금은 8시 15분이다.

queen

[kwíːn] 퀴인

명 여왕

The queen is still beautiful.

여왕은 여전히 아름답습니다.

question

[kwéstʃən] 퀘스천

명 질문

Do you have any question?

질문 있니?

quickly

[kwíkli] 퀵클리

부 빨리, 신속히

You must go quickly.

너는 빨리 가야 해.

quiet

[kwáiət] 콰이엇

형 조용한

Be quiet in the library.

도서관에는 조용해 주세요.

quarter

queen

question

quickly

quiet

It's [   ] past eight now.

지금은 8시 15분이다.

The [   ] is still beautiful.

여왕은 여전히 아름답습니다.

Do you have any [   ]?

질문 있니?

You must go [   ].

너는 빨리 가야 해.

Be [   ] in the library.

도서관에는 조용해 주세요.

R r 알-

 쓰는 순서에 주의하면서 익히기

R   R   R   R   R   R

R   R   R   R   R

R   R   R   R   R

r   r   r   r   r

r   r   r   r   r

r   r   r   r   r

관련된 단어와 함께 회화 익히기

rainbow
[réinbòu] 레인보우
명 무지개

The **rainbow** has seven colors.
무지개는 일곱 개의 색상이 있습니다.

rest
[rést] 레스트
명 휴식

You need to take a **rest**.
너는 휴식을 취해야 한다.

river
[rívər] 리버
명 강

There are many boats in the **river**.
강에는 보트가 많이 있습니다.

robot
[róubət] 로우벗
명 로봇

Robots can help us in many ways.
로봇은 많은 분야에서 우리에게 도움을 줍니다.

run
[rʌ́n] 런
동 뛰다, 달리다, 경영하다 명 달리기

Run as fast as you can.
가능한 빨리 뛰어라.

rainbow

rest

river

robot

run

문장에 알맞는 영단어 채우기

The _____ has seven colors.

무지개는 일곱 개의 색상이 있습니다.

You need to take a _____.

너는 휴식을 취해야 한다.

There are many boats in the _____.

강에는 보트가 많이 있습니다.

_____ can help us in many ways.

로봇은 많은 분야에서 우리에게 도움을 줍니다.

_____ as fast as you can.

가능한 빨리 뛰어라.

S s 에스

✏️ 쓰는 순서에 주의하면서 익히기

관련된 단어와 함께 회화 익히기

---

salad

[sǽləd] 샐러드

명 샐러드, 야채요리

> You should eat meat with your **salad**.
>
> 샐러드와 함께 고기를 먹어야 한다.

---

smile

[smáil] 스마일

명 동 미소(를 짓다)

> She has a lovely **smile**.
>
> 그녀는 사랑스러운 미소를 지었다.

---

soap

[sóup] 소우프

명 비누

> He is washing his hands with **soap**.
>
> 그는 비누로 손을 씻고 있다.

---

store

[stɔ́ːr] 스토어

명 가게

> The clothing **store** is having a sale.
>
> 옷가게에서 세일을 하고 있다.

---

study

[stʌ́di] 스터디

명 동 공부(하다)

> I **study** English every Tuesday.
>
> 매주 화요일에 영어를 공부한다.

salad

smile

soap

store

study

문장에 알맞는 영단어 채우기

You should eat meat with your _____ .

샐러드와 함께 고기를 먹어야 한다.

She has a lovely _____ .

그녀는 사랑스러운 미소를 지었다.

He is washing his hands with _____ .

그는 비누로 손을 씻고 있다.

The clothing _____ is having a sale.

옷가게에서 세일을 하고 있다.

I _____ English every Tuesday.

매주 화요일에 영어를 공부한다.

T t

 쓰는 순서에 주의하면서 익히기

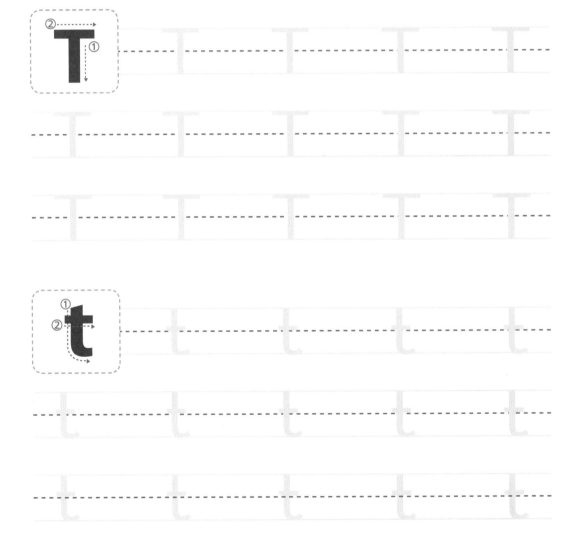

teacher

[tíːtʃər] 티-춰

몡 선생님

Allen is my English teacher.

앨런은 나의 영어 선생님이다.

telephone

[téləfòun] 텔러포운

몡 전화

Our telephone is out of order.

우리집 전화가 고장났어요.

tennis

[ténis] 테니스

몡 테니스

Tennis is a hard sport.

테니스는 힘든 운동이다.

ticket

[tíkit] 티킷

몡 표, 티켓

How much is the round trip ticket?

왕복 티켓은 얼마입니까?

toy

[tɔ́i] 토이

몡 장난감

I bought a toy car for my son.

아들을 위해 자동차 장난감을 샀다.

teacher

telephone

tennis

ticket

toy

Allen is my English _____ .

앨런은 나의 영어 선생님이다.

Our _____ is out of order.

우리집 전화가 고장났어요.

_____ is a hard sport.

테니스는 힘든 운동이다.

How much is the round trip _____ ?

왕복 티켓은 얼마입니까?

I bought a _____ car for my son.

아들을 위해 자동차 장난감을 샀다.

U u

유-

✏️ 쓰는 순서에 주의하면서 익히기

umbrella
[ʌmbrélə] 엄브렐러
명 우산

I think I should buy an umbrella.

우산을 하나 사야겠어요.

uncle
[ʌŋkl] 엉컬
명 삼촌

My uncle lives in a foreign country.

나의 삼촌은 외국에서 산다.

uniform
[júːnəfɔ̀ːrm] 유-너포옴
명 유니폼, 제복

The soldiers are wearing uniforms.

군인들은 제복을 입고 있다.

use
[júːz] 유-즈
동 사용하다 명 사용

Can I use your dictionary?

사전을 좀 써도 될까요?

useful
[júːsfəl] 유스펄
형 유용한, 쓸모 있는

Mobile phones are very useful.

휴대폰은 매우 유용하다.

umbrella

uncle

uniform

use

useful

90

문장에 알맞는 영단어 채우기

I think I should buy an _____.

우산을 하나 사야겠어요.

My _____ lives in a foreign country.

나의 삼촌은 외국에서 산다.

The soldiers are wearing _____.

군인들은 제복을 입고 있다.

Can I _____ your dictionary?

사전을 좀 써도 될까요?

Mobile phones are very _____.

휴대폰은 매우 유용하다.

V v 뷔-

vacation
[veikéiʃən] 베이케이션
명 방학, 휴가

How was your vacation?
방학은 어땠니?

vegetable
[védʒətəbl] 베지터블
명 채소, 야채

Vegetables are good for health.
야채는 건강에 좋습니다.

village
[vílidʒ] 빌리쥐
명 마을

He lives in this small village.
그는 이 작은 마을에 산다.

violin
[vàiəlín] 바이얼린
명 바이올린

You play the violin very well.
너는 바이올린을 아주 잘 켜는구나.

visit
[vízit] 비짓
동 방문하다 명 방문

I visited his house last summer.
지난 여름에 그의 집을 방문했다.

vacation

vegetable

village

violin

visit

문장에 알맞는 영단어 채우기

How was your ?

방학은 어땠니?

are good for health.

야채는 건강에 좋습니다.

He lives in this small .

그는 이 작은 마을에 산다.

You play the very well.

너는 바이올린을 아주 잘 켜는구나.

I his house last summer.

지난 여름에 그의 집을 방문했다.

W w 더블유-

 쓰는 순서에 주의하면서 익히기

96

walk
[wɔ́ːk] 워-크
图 걷다 閏 걷기

They **walked** along the street.
그들은 길을 따라 걸었다.

war
[wɔ́ːr] 워-
閏 전쟁

The **war** is finally over.
전쟁이 마침내 끝났다.

water
[wɔ́ːtər] 워-터
閏 물

I drink a lot of **water** a day.
나는 하루에 물을 많이 마신다.

winter
[wíntər] 윈터
閏 겨울

Skiing is a **winter** sport.
스키는 겨울 스포츠이다.

write
[ráit] 라이트
图 쓰다

The child can't **write** yet.
그 아이는 아직 쓸 수 없습니다.

walk

war

water

winter

write

문장에 알맞는 영단어 채우기

They ⬜⬜⬜ along the street.

그들은 길을 따라 걸었다.

The ⬜⬜⬜ is finally over.

전쟁이 마침내 끝났다.

I drink a lot of ⬜⬜⬜ a day.

나는 하루에 물을 많이 마신다.

Skiing is a ⬜⬜⬜ sport.

스키는 겨울 스포츠이다.

The child can't ⬜⬜⬜ yet.

그 아이는 아직 쓸 수 없습니다.

X x 엑스

쓰는 순서에 주의하면서 익히기

100

관련된 단어와 함께 회화 익히기

X-ray

[éksrèi] 엑스레이

⑲ 엑스선, 엑스레이

I took an X-ray at the hospital.

나는 병원에서 엑스레이를 찍었어.

xylophone

[záiləfòun]

자일러포운

⑲ 실로폰

She plays the xylophone very well.

그녀는 실로폰을 매우 잘 친다.

Xmas

[éksməs] 엑스마스

⑲ 크리스마스

We wish you a merry Xmas.

즐거운 크리스마스 되세요.

MP3 파일 들으면서 단어 따라 쓰기

X-ray

xylophone

Xmas

문장에 알맞는 영단어 채우기

I took an at the hospital.

나는 병원에서 엑스레이를 찍었어.

She plays the very well.

그녀는 실로폰을 매우 잘 친다.

We wish you a merry .

즐거운 크리스마스 되세요.

Y y

와이

 쓰는 순서에 주의하면서 익히기

year

[jíər] 이어

몡 해, 년

I got married two years ago.

나는 2년 전에 결혼했다.

yellow

[jélou] 옐로우

형 노란 명 노랑

My favorite color is yellow.

내가 좋아하는 색은 노란색이다.

you

[jú] 유

대 너, 너희들, 당신, 당신들

Where are you from?

너는 어디 출신이니?

young

[jʌ́ŋ] 영

형 젊은

My father still looks young.

내 아버지는 아직 젊어 보인다.

yourself

[juərsélf] 유어셀프

대 너 자신, 당신 자신

Can you introduce yourself?

자기 소개를 해 주시겠습니까?

MP3 파일 들으면서 단어 따라 쓰기

year

yellow

you

young

yourself

문장에 알맞는 영단어 채우기

I got married two   ago.

나는 2년 전에 결혼했다.

My favorite color is   .

내가 좋아하는 색은 노란색이다.

Where are   from?

너는 어디 출신이니?

My father still looks   .

내 아버지는 아직 젊어 보인다.

Can you introduce   ?

자기 소개를 해 주시겠습니까?

Z z

 쓰는 순서에 주의하면서 익히기

관련된 단어와 함께 회화 익히기

zebra

[zíːbrə] 지-브러

몡 얼룩말

I saw a zebra at the zoo.

나는 동물원에서 얼룩말을 보았다.

zero

[zíərou] 지어로우

몡 영, 0 혱 영의

The temperature went down to zero.

기온이 영도로 내려갔다.

MP3 파일 들으면서 단어 따라 쓰기

zebra

zero

문장에 알맞는 영단어 채우기

I saw a _____ at the zoo.

나는 동물원에서 얼룩말을 보았다.

The temperature went down
to _____ .

기온이 영도로 내려갔다.

단모음과 장모음 익히기

[a] 아

입을 크게 벌려
입 안쪽에서 [아]하고
소리내어 발음해 보자

box

[báks] 박스

상자

body

[bádi] 바디

몸

[æ] 애

입을 약간 벌리고
우리말의 [애]와 같이 턱을
아래로 내리고 발음해 보자

apple

[ǽpl] 애플

사과

cat

[kǽt] 캣

고양이

[ə] 어

입을 약간 벌리고
혀를 아랫니 뒤에 대고 짧고
약하게 [어]하고 발음해 보자

Easter

[íːstər] 이스터

주일, 부활절

balloon

[bəlúːn] 벌룬

풍선

[ʌ] 어

아와 어의 중간 소리로
입을 약간 더 벌리고 [어]에
가깝게 발음해 보자

cup

[kʌ́p] 컵
컵

umbrella

[ʌmbrélə] 엄브렐라
우산

[e] 에

입을 약간 벌리고
[에]에 가까운 발음으로 턱을
움직이지 않는 상태에서
발음해 보자

desk

[désk] 데스크
책상

egg

[ég] 에그
달걀

[ɔ] 어

우리말의 어보다 입을 크게
벌리고, 입 안쪽에서 [어]하고
발음해 보자.

frog

[frɔ́:g] 프러그
개구리

coffee

[kɔ́:fi] 커-피
커피

[u] 우

우리말의 [우]에 가까운
소리나 입술을 좀 더 좁게
오므리고 발음해 보자

blouse

[bláus] 블라우스
블라우스

fowl

[fául] 파-울
닭, 새고기

[i] 이

[이]하고 짧게 발음해 보자

live
[lív] 리브
살다

gift
[gíft] 기프트
선물

[aː] 아-

우리말의 [아]를 길게 끄는 소리와 같이 발음해 보자

garlic
[gáːrlik] 갈릭
마늘

arm
[áːrm] 아-암
팔

[aːr] 아-ㄹ

입을 완전히 벌리고 [아-ㄹ]하고 길게 소리내면서 혀끝을 말아 올리고 발음해 보자

car
[káːr] 카
자동차

star
[stáːr] 스타
별

[əːr] 어-ㄹ

입을 조금 벌리고 [어-ㄹ]하고 길게 소리내면서 혀끝을 위로 말아 올려서 발음해 보자

birthday
[bə́ːrθdèi] 벌쓰데이
생일

girl
[gə́ːrl] 걸
소녀

 **[ɔː]** 어-

입 안쪽에서
[어]하고 길게 발음해 보자

orange

[ɔ́ːrindʒ] 어런쥐

오렌지

officer

[ɔ́ːfis] 어피서

공무원

[ɔːr] 어르

어를 강하게 발음하고
이어서 [어ㄹ]를 약하게
소리내어 발음해 보자

door

[dɔ́ːr] 도어

문

store

[stɔ́ːr] 스토어

가게

[uː] 우-

입술을 둥글게 앞으로
내밀면서 [우]하고 길게
소리내어 발음해 보자

pool

[púːl] 풀

풀장

room

[rúːm] 룸

방

[iː] 이-

[이-] 보다 좀 더 날카롭게
입을 조금 좌우로 벌리고
길게 발음해 보자

Korean

[kəríːən] 코리언

한국의

sea

[síː] 씨-

바다

이중모음 익히기

[ai] 아이

입을 크게 벌리고 [아]를 강하게 발음하면서 [이]를 약하게 소리 내어 발음해 보자

tiger

[táigər] 타이거
호랑이

dial

[dáiəl] 다이얼
다이얼

[au] 아우

[아]를 강하게 발음하고 이어서 [우]를 약하게 소리내어 발음해 보자

cow

[káu] 카우
암소

house

[háus] 하우스
집

[ɛər] 에어르

[에]를 강하게 발음하고 이어서 [어르]를 약하게 소리내어 발음해 보자

hair

[hɛ́ər] 헤어
머리카락

airplane

[ɛ́ərplèin] 에어플레인
비행기

116

[ei] 에이

[에]를 강하게 발음하고
이어서 [이]를 약하게 소리
내어 발음해 보자

train
[tréin] 트레인
열차, 기차

cake
[kéik] 케이크
케이크

[ou] 오우

[오]를 강하게 발음하고
이어서 [우]를 약하게 소리
내어 발음해 보자

gold
[góuld] 골드
금

road
[róud] 로드
길

[ɔi] 오이

[오]와 [이]를
연이어 소리 내어
발음해 보자

boy
[bɔ́i] 보이
소년

toy
[tɔ́i] 토이
장난감

[uər] 우어ㄹ

[우]를 강하게 발음하고
이어서 [어르]를 약하게
소리 내어 발음해 보자

poor
[púər] 푸어
가난한

tour
[túər] 투어
여행

 [iər] 이어ㄹ

[이]를 강하게 발음하고
이어서 [어ㄹ]를 약하게
소리 내어 발음해 보자

hear

[híər] 히어

듣다

year

[jíər] 이어

해, 1년

자음 익히기

[b] ㅂ

아랫입술과 윗입술을 붙였다 떼면서 우리말의 [ㅂ]에 가까운 소리를 내어 보자

ball
[bɔ́:l] 볼
공

bed
[béd] 베드
침대

[d] ㄷ

윗니와 아랫니 사이에 혀를 약간 대고 우리말의 [ㄷ]에 가깝게 소리 내어 발음해 보자

desk
[désk] 데스크
책상

doll
[dál] 돌
인형

[f] ㅍ

아랫입술과 윗입술을 붙였다가 떼면서 우리말의 [ㅍ]에 가까운 발음으로 소리내어 보자

father
[fá:ðər] 파더
아버지

food
[fú:d] 푸드
음식

[g] 그

혀의 뒷부분을 살짝 들고
우리말의 [ㄱ]에 가까운
소리로 발음해 보자

grape
[gréip] 그레이프
포도

glove
[glʌ́v] 글러브
장갑

[h] 흐

윗니와 아랫니 사이로 바람을
불어내듯이 [흐]하고
소리 내어 발음해 보자

hand
[hǽnd] 핸드
손

head
[héd] 해드
머리

[k] 크

혀의 뒷부분을 살짝 들어
우리말의 [ㅋ]에 가까이
소리 내어 발음해 보자

key
[kíː] 키
열쇠

king
[kíŋ] 킹
왕

[1] 르

혀끝을 입천장에
살짝 붙였다가 [ㄹ]에 가깝게
소리 내어 발음해 보자

lamp
[lǽmp] 램프
등불

lion
[láiən] 라이언
사자

[m] 므

입술을 붙였다 떼면서 콧소리 [ㅁ]에 가깝게 소리 내어 발음해 보자

monkey

[mʌ́ŋki] 멍키
원숭이

milk

[mílk] 밀크
우유

[n] 느

혀끝을 윗니 뒤에 살짝 대었다 떼면서 콧소리로 [ㄴ]에 가깝게 소리 내어 발음해 보자

night

[náit] 나잇트
밤

cleaner

[klíːnər] 클리너
청소부

[P] 프

아랫입술과 윗입술을 붙였다 떼면서 [ㅍ]와 같이 소리 내어 발음해 보자

pen

[pén] 펜
펜

park

[páːrk] 파크
공원

[r] 르

혀끝을 살짝 말아 울리면서 [ㄹ]에 가깝게 소리 내어 발음해 보자

rose

[róuz] 로즈
장미

cart

[káːrt] 카트
카트

[s] 스

윗니와 아랫니를 붙인 사이로 바람을 내보내듯 [스으]하고 소리 내어 발음해 보자

sky

[skái] 스카이

하늘

snow

[snóu] 스노우

눈

[t] 트

혀끝을 윗니 뒤에 살짝 붙여서 우리말의 [트]에 가깝게 소리 내어 발음해 보자

tree

[trí:] 트리

나무

table

[téibl] 테이블

테이블

[v] 브

윗니를 아랫입술에 가볍게 대고 [브]에 가깝게 소리 내어 발음해 보자

vase

[véis] 베이스

꽃병

violin

[vàiəlín] 바이얼린

바이올린

[w] 우

입술을 동그랗게 오므리고 [우]하고 소리 내어 발음해 보자

watch

[wátʃ] 와치

손목시계

wind

[wínd] 윈드

바람

[j] 이

우리말 [이]에서 [야]로
자연스럽게 넘어가듯
발음해 보자

yellow

[jélou] 엘로우

노란색

young

[jʌ́ŋ] 영

젊은

---

[z] 즈

윗니와 아랫니를 붙인 사이로
바람을 내보내듯 [ㅈ]에 가깝게
소리 내어 발음해 보자

zoo

[zú:] 주-

동물원

zebra

[zí:brə] 지브러

얼룩말

[θ] 쓰

윗니와 아랫니 사이로
혀끝을 약간 내밀며 [쓰]하고
소리 내어 발음해 보자

thorn

[θɔ́:rn] 쏘-온

고통, 근심

three

[θrí:] 뜨리

3, 3살

[ð] 드

윗니와 아랫니 사이로 혀끝을
약간 내밀며 [드]하고
소리 내어 발음해 보자

those

[ðóuz] 도우즈

그들의

toge**th**er

[təɡéðər] 투게더

함께

[ʃ] 쉬

입술을 동그랗게 하고 바람을 내보내듯 [쉬]하고 소리 내어 발음해 보자

shop
[ʃáp] 샵
상점

shower
[ʃáuər] 샤우어
소나기

[ʒ] 쥐

입술을 동그랗게 하고 바람을 내보내듯 [쥐]하고 소리 내어 발음해 보자

gara**ge**
[gərá:ʒ] 게라-쥐
차고

bei**ge**
[béiʒ] 베이지
베이지색

[dʒ] 쥐

입술을 동그랗게 말아서 숨을 내뱉듯 [쥐]하고 소리 내어 발음해 보자

juice
[dʒú:s] 주스
주스

jam
[dʒǽm] 잼
잼

[tʃ] 취

입술을 동그랗게 하고 바람을 내보내듯 [취]하고 소리 내어 발음해 보자

chicken
[tʃíkən] 취킨
닭

child
[tʃáild] 차일드
어린이

 [ŋ] 응

혀의 뒷부분을 입천장 뒤에
살짝 대면서 콧소리로 [응]하고
소리 내어 발음해 보자

sing

[síŋ] 씽
노래하다

pink

[píŋk] 핑크
분홍색

PART 2

기본 단어&표현&문법 익히기

Cardinal number 카디널 넘버 기수

＊ 하나, 둘, 셋처럼 '세는 수'를 말합니다.

one [wʌ́n] 원 1

two [túː] 투 2

three [θríː] 쓰리 3

four [fɔ́ːr] 풔 4

five [fáiv] 파이브 5

six [siks] 씩스 6

seven [sévən] 세븐 7

eight [eit] 에잇 8

nine [nain] 나인 9

ten [ten] 텐 10

eleven [ilévən] 일레븐 11

twelve [twelv] 투웰브 12

thirteen [θəːrtíːn] 썰틴 13

fourteen [fɔ̀ːrtíːn] 풔틴 14

fifteen [fìftíːn] 피프틴 15

sixteen [sìkstíːn] 씩스틴 16

seventeen [sèvəntíːn] 세븐틴 17

eighteen [èitíːn] 에이틴 18

nineteen [nàintíːn] 나인틴 19

twenty [twénti] 트웬티 20

twenty-one [twéntiwʌn] 트웬티 원 21

twenty-two [twéntitúː] 트웬티 투 22

thirty [θə́ːrti] 써티 30

forty [fɔ́ːrti] 포어티 40

fifty [fífti] 피프티 50

sixty [síksti] 식스티 60

seventy [sévənti] 세븐티 70

eighty [éiti] 에이티 80

ninety [náinti] 나인티 90

hundred [hʌ́ndrəd] 헌드레드 100

thousand [θáuzənd] 싸우전드 1,000

ten thousand [ten θáuzənd] 텐 싸우전드 10,000

hundred thousand [hʌ́ndrəd θáuzənd] 헌드레드 싸우전드 100,000

million [míljən] 밀리언 1,000,000

billion [bíljən] 빌리언 1,000,000,000

02 Ordinal number 오어더널 넘버 서수

* 첫 번째, 두 번째, 세 번째처럼 '순서를 나타내는 수'를 말합니다.

first [fə:rst] 퍼스트 1st	**second** [sékənd] 세컨드 2nd
third [θə:rd] 써드 3rd	**fourth** [fɔ:rθ] 포어쓰 4th
fifth [fifθ] 피프쓰 5th	**sixth** [siksθ] 식스쓰 6th
seventh [sévənθ] 세븐쓰 7th	**eighth** [eitθ] 에잇쓰 8th
ninth [nainθ] 나인쓰 9th	**tenth** [tenθ] 텐쓰 10th
eleventh [ilévənθ] 일레번쓰 11th	**twelfth** [twelfθ] 트웰프쓰 12th
thirteenth [θə̀:rtí:nθ] 써틴쓰 13th	**fourteenth** [fɔ̀:rtí:nθ] 풔틴쓰 14th
fifteenth [fiftí:nθ] 피프틴쓰 15th	**sixteenth** [sìkstí:nθ] 식스틴쓰 16th
seventeenth [sèvəntí:nθ] 세븐틴쓰 17th	**eighteenth** [èití:nθ] 에잇틴쓰 18th
nineteenth [nàintí:nθ] 나인틴쓰 19th	**twentieth** [twéntiəθ] 트웬티에쓰 20th
twenty-first [twénti-fə:rst] 트웬티 퍼스트 21st	**twenty-second** [twénti-sékənd] 트웬티 세컨드 22nd
thirtieth [θə́:rtiəθ] 써티에쓰 30th	**fortieth** [fɔ́:rtiəθ] 포어티에쓰 40th
fiftieth [fíftiəθ] 피프티에쓰 50th	**sixtieth** [síkstiəθ] 식스티에쓰 60th
seventieth [sévəntiəθ] 세번티에쓰 70th	**eightieth** [éitiəθ] 에이티에쓰 80th
ninetieth [náintiəθ] 나인티에쓰 90th	**hundredth** [hʌ́ndrədθ] 헌드러드쓰 100th

thousandth [θáuzəndθ] 싸우전드쓰 1,000th

ten thousandth [ten θáuzəndθ] 텐 싸우전드쓰 10,000th

hundred thousandth [hʌ́ndrəd θáuzəndθ] 헌드러드 싸우전드쓰 100,000th

millionth [míljənθ] 밀리언쓰 1,000,000th

billionth [bíljənθ] 빌리언쓰 1,000,000,000th

people 피플 사람들

I [ái] 아이 나
me [mi; míː] 미 나를
my [mái] 마이 나의

we [wí] 위 우리
us [əs] 어스 우리들
our [áuər] 아워 우리의

he [hí] 히 그
him [him] 힘 그를
his [híz] 히즈 그의

you [ju] 유 당신, 너, 여러분
your [júər] 유어 당신의, 너의, 여러분의

she [ʃíː] 쉬 그녀
her [hə́ːr] 허 그녀를, 그녀의

they [ðéi] 데이 그들
them [ðəm] 뎀 그들을
their [ðər] 데어 그들의

130

one o'clock
원 어클락

two o'clock
투 어클락

three o'clock
쓰리 어클락

four o'clock
풔 어클락

five o'clock
파이브 어클락

six o'clock
식스 어클락

seven o'clock
세븐 어클락

eight o'clock
에잇 어클락

nine o'clock
나인 어클락

ten o'clock
텐 어클락

eleven o'clock
일레븐 어클락

twelve o'clock
투웰브 어클락

❶ **o'clock** [əklák] 어클락 ~시   ❷ **hour** [áuər] 아워 시간, 1시간

❸ **minute** [mínit] 미닛츠 분   ❹ **second** [sékənd] 세컨드 초

❺ **two fifteen = quarter past two** 2:15

❻ **two thirty = half past two** 2:30

❼ **two forty–five = quarter to three** 2:45

year 이어 1년

January
[dʒǽnjuèri] 재뉴에어리

1월

February
[fébruèri] 페브루에어리

2월

March
[máːrtʃ] 마취

3월

April
[éiprəl] 에어프럴

4월

May
[méi] 메이

5월

June
[dʒúːn] 쥰

6월

July
[dʒuːlái] 쥴라이

7월

August
[ɔ́ːgəst] 오거스트

8월

September
[septémbər] 셉템버

9월

October
[aktóubər] 악토우버

10월

November
[nouvémbər] 노벰버

11월

December
[disémbər] 디셈버

12월

spring [spríŋ] 스프링 봄

summer [sʌ́mər] 썸머 여름

autumn [ɔ́ːtəm] 오텀 가을

winter [wíntər] 윈터 겨울

day 데이 요일

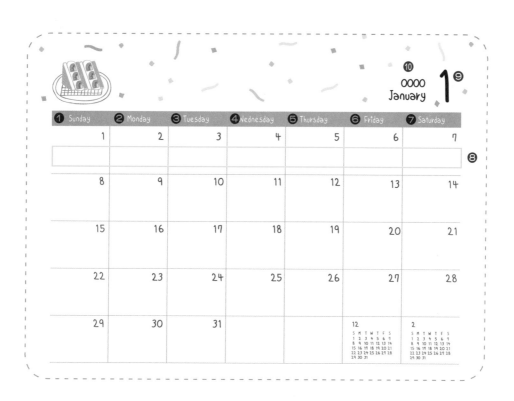

❶ **Sunday** [sʌ́ndei] 썬데이 **일요일**

❷ **Monday** [mʌ́ndei] 먼데이 **월요일**

❸ **Tuesday** [tjúːzdei] 투즈데이 **화요일**

❹ **Wednesday** [wénzdei] 웬즈데이 **수요일**

❺ **Thursday** [θə́ːrzdei] 써즈데이 **목요일**

❻ **Friday** [fráidei] 프라이데이 **금요일**

❼ **Saturday** [sǽtərdi] 새터데이 **토요일**

❽ **week** [wíːk] 윅 **주, 일주일**

❾ **month** [mʌ́nθ] 먼쓰 **월**

❿ **year** [jíər] 이어 **년**

⓫ **morning** [mɔ́ːrniŋ] 모닝 **아침**

⓬ **afternoon** [ǽftərnún] 애프터눈 **오후**

⓭ **evening** [íːvniŋ] 이브닝 **저녁**

⓮ **night** [náit] 나잇트 **밤**

⓯ **yesterday** [jéstərdèi] 에스터데이 **어제**

⓰ **today** [tədéi] 투데이 **오늘**

⓱ **tomorrow** [təmɔ́ːrou] 터모로우 **내일**

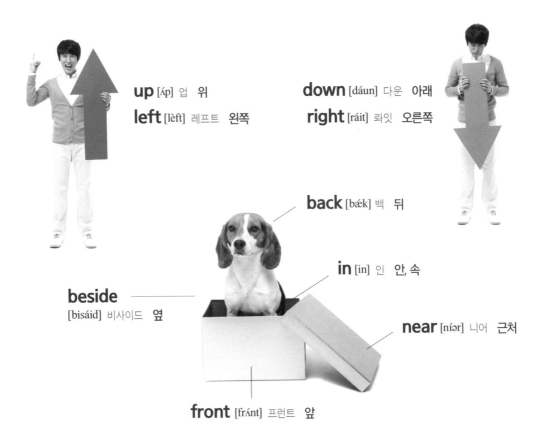

up [ʌ́p] 업 위

left [lèft] 레프트 왼쪽

down [dáun] 다운 아래

right [ráit] 라잇 오른쪽

back [bǽk] 백 뒤

in [in] 인 안, 속

beside
[bisáid] 비사이드 옆

near [níər] 니어 근처

front [fránt] 프런트 앞

north [nɔ́ːrθ] 노스 북쪽

west [wést] 웨스트 서쪽

east [íːst] 이스트 동쪽

south [sáuθ] 싸우스 남쪽

grandfather
[grǽndfàːðər] 그랜드파더 **할아버지**

grandmother
[grǽndmλðər] 그랜드마더 **할머니**

father
[fàːðər] 파더 **아버지**

mother
[mλðər] 머더 **어머니**

son
[sλn] 썬 **아들**

daughter
[dɔ́ːtər] 도터 **딸**

grandson
[grǽndsλn] 그랜드썬 **손자**

granddaughter
[grǽnddɔ̀ːtər] 그랜드도터 **손녀**

sister
[sístər] 씨스터 **언니, 누나, 여동생**

brother
[brλðər] 브라더 **형, 오빠, 남동생**

uncle
[λŋkl] 엉클
삼촌, 작은아버지, 고모부, 이모부

aunt
[ǽnt] 엔트 **숙모, 작은어머니**

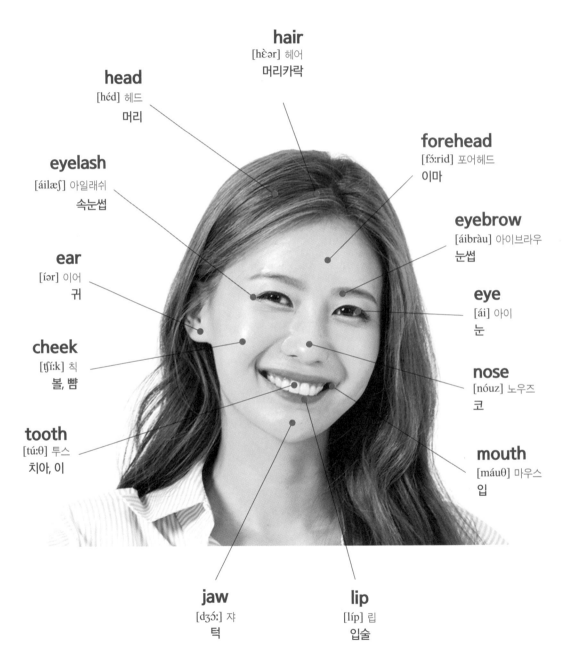

hair
[hɛ̀ər] 헤어
머리카락

head
[héd] 헤드
머리

forehead
[fɔ́:rid] 포어헤드
이마

eyelash
[áilæʃ] 아일래쉬
속눈썹

eyebrow
[áibràu] 아이브라우
눈썹

ear
[íər] 이어
귀

eye
[ái] 아이
눈

cheek
[tʃí:k] 칙
볼, 뺨

nose
[nóuz] 노우즈
코

tooth
[tú:θ] 투스
치아, 이

mouth
[máuθ] 마우스
입

jaw
[dʒɔ́:] 쟈
턱

lip
[líp] 립
입술

body 바디 신체

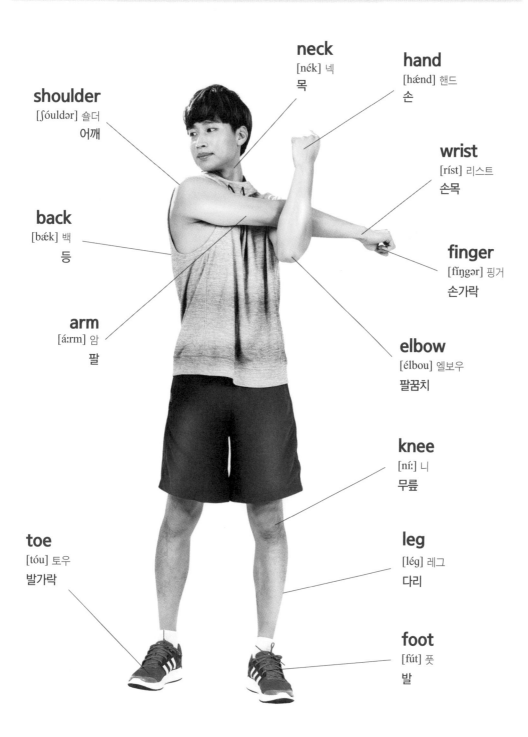

neck
[nék] 넥
목

hand
[hǽnd] 핸드
손

shoulder
[ʃóuldər] 숄더
어깨

wrist
[ríst] 리스트
손목

back
[bǽk] 백
등

finger
[fíŋgər] 핑거
손가락

arm
[ɑ́:rm] 암
팔

elbow
[élbou] 엘보우
팔꿈치

knee
[ní:] 니
무릎

toe
[tóu] 토우
발가락

leg
[lég] 레그
다리

foot
[fút] 풋
발

house 하우스 집

① **roof** [rú:f] 루프 **지붕**

② **window** [wíndou] 윈도우 **창문**

③ **kitchen** [kítʃən] 키친 **부엌**

④ **bedroom** [bédrù:m] 베드룸 **침실**

⑤ **living room** [líviŋ rù:m] 리빙룸 **거실**

⑥ **dining room** [dáiniŋ rù:m] 다이닝룸 **식당**

⑦ **room** [rú:m] 룸 **방**

⑧ **stairs** [stὲər] 스테어즈 **계단**

⑨ **wall** [wɔ́:l] 월 **벽**

⑩ **door** [dɔ́ːr] 도어 문

⑪ **gate** [géit] 게이트 대문

⑫ **doorbell** [dɔ́ːrbèl] 도어벨 현관 초인종

⑬ **garage** [gərɑ́ːdʒ] 거라쥐 차고

⑭ **basement** [béismənt] 베이스먼트 지하층, (반)지하실

⑮ **fence** [féns] 펜스 울타리

⑯ **yard** [jɑ́ːrd] 야-드 마당

⑰ **mailbox** [méilbàks] 메일박스 우편함

kitchen 키친 부엌

① **blender** [bléndər] 블렌더 믹서

② **cutting board** [kʌ́tiŋ bɔ́ːrd] 커팅 보어드 도마

③ **apron** [éiprən] 에이프런 앞치마

④ **cupboard** [kʌ́bərd] 커버드 찬장

⑤ **can opener** [kǽn óupənər] 캔 오프너 깡통따개

⑥ **can** [kǽn] 캔 깡통

⑦ **toaster** [tóustər] 토스터 토스터

⑧ **refrigerator** [rifrídʒərèitər] 리프리저레이터 냉장고

⑨ **faucet** [fɔ́ːsit] 포섯 수도꼭지

⑩ **coffee maker** [kɔ́ːfi méikər] 커피 메이커 **커피메이커**

⑪ **teapot** [tíːpàt] 티팟 **찻주전자**

⑫ **paper towel** [péipər táuəl] 페이퍼 타월 **키친타월**

⑬ **pot** [pát] 팟 **냄비**

⑭ **frying pan** [fráiər] 프라잉 팬 **후라이팬**

⑮ **microwave** [máikrəwèiv] 마이크로웨이브 **전자레인지**

⑯ **sink** [síŋk] 씽크 **씽크대**

⑰ **oven** [ʌ́vən] 어번 **오븐**

living room 리빙룸 거실

① **remote control** [rimóut kəntróul] 리모트 컨트롤 **리모콘**

② **intercom** [íntərkàm] 인터컴 **인터폰**

③ **window** [wíndou] 윈도우 **창문**

④ **television** [téləvìʒən] 텔러비전 **텔레비전**

⑤ **sofa** [sóufə] 소우퍼 **소파**

⑥ **trash can** [trǽʃ kǽn] 트래쉬 캔 **쓰레기통**

⑦ **vacuum cleaner** [vǽkjuəm klí:nər] 배큠 클리너 **진공청소기**

⑧ **calendar** [kǽləndər] 캘랜더 **달력**

⑨ **carpet** [ká:rpit] 카펫트 **카펫**

office 어피스 사무실

① **printer** [príntər] 프린터 **프린터**

② **fax** [fǽks] 팩스 **팩스**

③ **telephone** [téləfòun] 텔러포운 **전화**

④ **monitor** [mánətər] 모니터 **모니터**

⑤ **computer** [kəmpjúːtər] 컴퓨러 **컴퓨터**

⑥ **cabinet** [kǽbənit] 캐비닛트 **보관함**

⑦ **briefcase** [bríːfkèis] 브리프 케이스 **서류가방**

⑧ **copy machine** [kápi məʃíːn] 카피 머쉰 **복사기**

⑨ **partition** [paːrtíʃən] 파티션 **칸막이**

town 타운 도시, 마을

① **school** [skú:l] 스쿨울 **학교**

② **gym** [dʒím] 짐 **체육관**

③ **church** [tʃə́:rtʃ] 처치 **교회**

④ **hotel** [houtél] 호우텔 **호텔**

⑤ **library** [láibrèri] 라이브러리 **도서관**

⑥ **hospital** [háspitl] 하스피털 **병원**

⑦ **gas station** [gæs stéiʃən] 게스 스테이션 **주유소**

⑧ **parking lot** [pá:rkiŋ lat] 파킹 랏 **주차장**

⑨ **restaurant** [réstərənt] 레스터란트 **음식점**

⑩ **traffic light** [træfik láit] 트래픽 라이트 **교통신호등**

⑪ **English academy** [íŋgliʃ əkǽdəmi] 잉글리쉬 어캐더미 **영어학원**

⑫ **crosswalk** [kráswɔ̀:k] 크라스왁 **횡단보도**

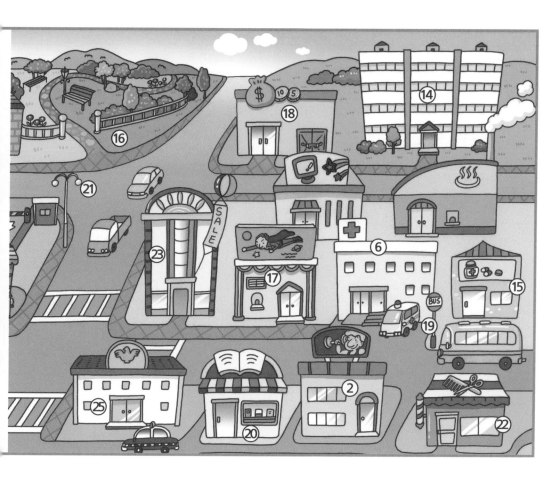

⑬ **sidewalk** [sáidwɔ́:k] 사이드 워크 **인도**

⑭ **apartment** [əpá:rtmənt] 어파아트먼트 **아파트**

⑮ **pharmacy** [fá:rməsi] 파아머시 **약국**

⑯ **park** [pá:rk] 팍 **공원**

⑰ **cinema** [sínəmə] 씨네마 **영화관**

⑱ **bank** [bǽŋk] 뱅크 **은행**

⑲ **Bus Stop** [bʌ́s stáp] 버스 스탑 **버스 정류장**

⑳ **bookstore** [búkstɔ́:r] 북스토어 **서점**

㉑ **streetlight** [strí:tlàit] 스트리틀라이트 **가로등**

㉑ **airport** [ɛ́ərpɔ̀:rt] 에어폿트 **공항**

㉒ **beauty salon** [bjú:ti səlán] 뷰티 설란 **미용실**

㉓ **department store** [dipá:rtmənt stɔ́:r] 디파아트먼트 스토어 **백화점**

㉔ **subway station** [sʌ́bwèi stéiʃən] 써브웨이 스테이션 **지하철역**

㉕ **police station** [pəlí:s stéiʃən] 펄리스 스테이션 **경찰서**

vehicle 비이컬 탈 것

① **bus** [bʌ́s] 버스 **버스**

② **train** [tréin] 트레인 **기차**

③ **plane** [pléin] 플레인 **비행기**

④ **helicopter** [hélikàptər] 헬리캅터 **헬리콥터**

⑤ **jeep** [dʒíːp] 집 **지프차**

⑥ **ship** [ʃíp] 쉽 **배**

⑦ **sailboat** [séilbòut] 세일보트 **요트**

⑧ **motorboat** [móutərbòut] 모터보트 **모터보트**

⑨ **ferryboat** [féribòut] 페리보트 **나룻배**

⑩ **car** [káːr] 카 **자동차**

⑪ **bicycle** [báisikl] 바이시클 **자전거**

⑫ **motorcycle** [móutərsàikl] 모터사이클 **오토바이**

⑬ **limousine** [líməzìːn] 리머진 **리무진**

⑭ **scooter** [skúːtər] 스쿠터 **스쿠터**

⑮ **subway** [sʌ́bwèi] 서브웨이 **지하철**

⑯ **truck** [trʌ́k] 트럭 **트럭**

⑰ **light aircraft** [láit èərkrǽft] 라이트 에어크래프트 **경비행기**

⑱ **jet plane** [dʒét pléin] 젯 플레인 **제트기**

painter
[péintər] 페인터
화가

singer
[síŋər] 싱거
가수

police
[pəlíːs] 폴리스
경찰

entertainer
[èntərtéinər] 엔터테이너
연예인

baker
[béikər] 베이커
제빵사

nurse
[nə́ːrs] 너스 간호사

doctor
[dáktər] 닥터 의사

writer
[ráitər] 라이터
작가

engineer
[èndʒiníər] 엔쥐니어
기술자

teacher
[tíːtʃər] 티쳐
교사

chef
[ʃéf] 쉐프
요리사

soldier
[sóuldʒər] 솔져
군인

journalist
[dʒə́ːrnəlist] 저널러스트
기자

pilot
[páilət] 파일럿
조종사, 비행사

stewardess
[stjúːərdis] 스튜어더스
여승무원

farmer
[fáːrmər] 파아머
농부

인사 표현 익히기

Good morning.
굿 모닝

안녕하세요.(오전 인사)

Good afternoon.
굿 애프터눈

안녕하세요.(오후 인사)

Good evening.
굿 이브닝

안녕하세요.(저녁 인사)

How have you been?
하우 해브 유 빈?

어떻게 지내셨어요?

It's been a long time.
잇츠 빈 어 롱 타임

오랜만입니다.

Good bye.
굿 바이

안녕히 가세요.

See you later.
씨 유 래이더

다음에 뵙겠습니다.

Good night.
굿 나잇

안녕히 주무세요.

Nice to meet you.

나이스 투 밋츄

만나서 반갑습니다.

Glad to meet you, too.

글래드 투 밋유 투

저 역시 만나서 반갑습니다.

Please just call me Hong.

플리즈 져스트 콜 미 홍

저는 홍이라고 불러 주세요.

What's your name?

왓츠 유어 네임?

당신 이름은 뭡니까?

I'm Michael.

아임 마이클

마이클입니다.

May I have your name cards?

메- 아이 해뷰어 네임 카드즈?

명함 한 장 주시겠어요?

This is my business card.

디스 이즈 마이 비지니스 카드

이건 제 명함입니다.

I hope I can see you again.

아이 홉 아이 캔 씨 유 어게인

다시 뵙기를 바랍니다.

How's it going?
하우즈 잇 고잉?

어떻게 지내세요?

Did you have a nice weekend?
디드유 해브 어 나이스 위켄?

주말 잘 보내셨어요?

Where are you from?
웨어 아 유 프럼?

어디서 오셨어요?

What do you do?
왓 두유 두?

직업이 무엇입니까?

How old are you?
하우 올드 아유?

몇 살이세요?

What date is your birthday?
왓 데잇티즈 유어 벌쓰데이?

생일이 언제입니까?

What are you majoring at?
왓 알 유 메이져링 앳?

전공이 무엇입니까?

What time is it now?
왓 타임 이즈잇 나우?

지금 몇 시죠?

May I help you?
메아이 헬프 유?

뭘 도와드릴까요?

How much is it?
하우 머취 이즈잇?

그거 얼마에요?

What's the weather like today?
왓츠 더 웨더 라잌 투데이?

오늘 날씨 어때요?

What's the problem?
왓츠 더 프라블럼?

무슨 일 있어요?

Can I ask you a favor?
캐나이 애스큐어 페이버?

부탁을 하나 해도 될까요?

What is your hobby?
왓 이즈 유어 하비?

취미가 무엇이에요?

What day is it today?
왓 데이 이즈잇 투데이?

오늘이 무슨 요일이에요?

Which season do you like best?
위치 씨즌 두 유 라잌 베스트?

어느 계절을 가장 좋아하세요?

영어에는 8품사가 있습니다. 한 마디로 성질이 공통된 단어를 모아 놓은 것을 이야기합니다. 영어 공부에 기본이 되는 사항이니 알아두면 좋겠죠?

명사 사람, 사물의 이름을 나타내는 말입니다.

cat 고양이, **rose** 장미, **Jane** 제인, **desk** 책상 등

대명사 명사를 대신하여 사용할 수 있는 말입니다.

I 나, **you** 너, **he** 그, **she** 그녀, **it** 그것 등

동사 사람이나 사물의 동작이나 상태를 나타내는 말입니다.

run 달리다, **eat** 먹다, **play** 놀다, **read** 읽다 등

형용사 명사의 성질, 상태, 특징 등을 나타내는 말입니다.

pretty 예쁘다, **big** 크다, **cold** 춥다, **happy** 행복하다 등

부사 시간, 장소, 정도, 방법 등을 나타내는 말입니다.

very 예쁘다, **quite** 완전히, **still** 여전히, **always** 항상 등

전치사 명사, 대명사 등의 앞에서 도와주는 말입니다.

during ~동안, **without** ~없이, **by** ~옆에, **on** ~위에 등

접속사 앞뒤의 말을 연결해서 이어주는 말입니다.

and 예쁘다, **but** 그러나, **or** ~또는 등

감탄사 기쁨, 놀람, 슬픔 등 감정을 나타내는 말입니다.

oh, wow, oops, ouch 등

영어 문장의 4가지 기본적 구성 요소

주어(subject) + 동사(verb) + 목적어(object)

보어(complement)

주어(subject) 문장의 가장 중요한 부분이라고 할 수 있겠죠?

우리말의 ~은/~는, ~이/~가처럼 행위의 주체가 되는 단어를 말하며 명사, 대명사들로 구성됩니다.

I am a student. 나는 학생입니다.

She is tall. 그녀는 키가 크다.

동사(verb) ~입니다 처럼 문장의 끝맺음을 나타내며 주어의 행동이나 상태를 설명합니다.

He lives in Seoul. 그는 서울에 산다.

The cat is on the sofa. 고양이가 소파 위에 있다.

목적어(object) ~을/~를의 조사가 붙는 말로 동사 행동의 대상이 됩니다.

She loves me. 그녀는 나를 사랑한다.

I like strawberry. 나는 딸기를 좋아한다.

보어(complement) 주어나 목적어의 의미를 보충 설명해주는 역할을 합니다.

Jane has a warm heart. 제인은 따뜻한 마음을 가졌다.

She makes me happy. 그녀는 나를 행복하게 만든다.

수 인칭		단수				복수			
		주격	소유격	목적격	소유대명사	주격	소유격	목적격	소유대명사
1인칭		I 나는	my 나의	me 나를	mine 나의 것	we 우리는	our 우리의	us 우리를	ours 우리의 것
2인칭		you 너는	your 너의	you 너를	yours 너의 것	you 너희들은	your 너희의	you 너희를	yous 너희의 것
3인칭	남성	he 그는	his 그의	him 그를	his 그의 것	they 그들은	their 그들의	them 그들을	theirs 그들의 것
	여성	she 그녀는	her 그녀의	her 그녀를	hers 그녀의 것				
	중성	it 그것은	its 그것의	it 그것을					

주격 ~은, ~는, ~이, ~가의 뜻으로 주어로 쓰입니다.

He **is a student.** 그는 학생이다.

소유격 ~의라는 뜻으로 명사 앞에서 명사와의 소유관계를 나타냅니다.

My **dream is to be a singer.** 나의 꿈은 가수이다.

목적격 ~을, ~를, ~에게의 뜻으로 동사나 전치사의 목적어로 쓰입니다.

My **mother loves** me. 어머니는 나를 사랑하신다.

소유대명사 ~의 것이라는 뜻으로 「소유격+명사」를 나타냅니다.

These **gifts are** ours. 이 선물들은 우리의 것이다.

영어의 알파벳에는 대문자와 소문자가 있는 것은 모두들 아는 사실이죠? 우리가 모두 아는 사실이지만 언제 대문자를 쓰는 걸까요? 이제부터 대문자가 언제 쓰이게 되는지 알아볼까요?

● 문장의 제일 처음에 시작하는 단어의 첫 글자

I like him.   나는 그를 좋아한다.

My brother is very handsome.   내 남동생은 매우 잘생겼다.

● 월, 요일, 휴일을 나타낼 때

Christmas is on Saturday.   크리스마스는 토요일이다.

August has one holiday.   8월은 휴일이 하루 있다.

There are 30 days in June.   6월은 30일이다.

● 나라이름, 언어를 나타낼 때

Korea – Korean

Canadian – English

● 특정 지명을 나타낼 때

South America, Asia   대륙

Korea, Egypt   나라

Seoul, New York   도시

Pacific Ocean, Atlantic Ocean   대양

Nile River   강

Mount Everest, Mount Fuji   산

● 주의 – 계절은 대문자를 사용하지 않으니 조심해야 합니다.

spring, summer, fall(autumn), winter

big 빅 큰   ↔   small 스몰 작은

bright 브라잇트 밝은   ↔   dark 다크 어두운

buy 바이 사다   ↔   sell 셀 팔다

cheap 칩 싸다   ↔   expensive 익스펜시브 비싼

clean 클린 깨끗한   ↔   dirty 더티 더러운

cold 콜드 추운   ↔   hot 핫 더운

fast 패스트 빠른   ↔   slow 슬로우 느린

good 굿 좋은   ↔   bad 배드 나쁜

happy 해피 행복한   ↔   unhappy 언해피 불행한

hard 하드 단단한   ↔   soft 소프트 부드러운

heavy 헤비 무거운   ↔   light 라이트 가벼운

high 하이 높은   ↔   low 로 낮은

kind 카인드 친절한   ↔   unkind 언카인드 불친절한

like 라이크 좋아하다   ↔   dislike 디스라이크 싫어하다

long 롱 긴   ↔   short 숏트 짧은

near 니어 가까운   ↔   far 파- 먼

new 뉴 새로운   ↔   old 올드 오래된

pretty 프리티 예쁜   ↔   ugly 어글리 못생긴

rich 리치 부유한   ↔   poor 푸어 가난한

strong 스트롱 강한   ↔   weak 웍 약한

useful 유스펄 유익한   ↔   useless 유슬러스 쓸모없는

헷갈리기 쉬운 콩글리시

한국어	콩글리시	잉글리쉬
핸드폰	hand phone	cellular phone
리모콘	remocon	remote control
서비스(공짜)	service	free
모닝콜	morning call	wake-up call
아르바이트	arbeit	part-time job
아이쇼핑	eye shopping	window shopping
만화영화	animation movie	cartoon
백미러	back mirror	rear-view mirror
오토바이	autobi(ke)	motorcycle/motorbike/bike
싸인(서명)	sign	signature/autograph
해프닝	happening	unexpected/interesting incident
파이팅(응원)	fighting	go/come on/cheer up
선글라스	sunglass	sunglasses
에어컨	aircon	air-conditioner/air/AC
애프터서비스	A/S(after service)	warrantee service
가격할인	D.C	discount
비닐봉투	vinyl bag	plastic bag
탤런트	talent	actor/actress
써클, 동아리	circle	club/student group
와이셔츠	Y-shirt	dress shirt / white shirt/shirt
개그맨	gagman	comedian
자외선 차단 크림	suntan cream	sunscreen lotion/sun block cream
샤프(연필)	sharp pencil	mechanical pencil
황금시간대	golden time	prime time
휘발유	oil	gas/gasoline
공중전화 박스	telephone box	phone booth / telephone booth
(자동차의) 악셀	accel	accelerator(영)/gas pedal(미)
헬스 (헬스클럽)	health	health club/gym/fitness center
프림(커피에 타는)	prim	cream
샐러리맨	salaryman	businessman
배낭여행	backpack	travel backpacking

씬나게 시작하는 영어첫걸음

2판 1쇄 발행 2020년 2월 15일

엮은이 영어교재연구원
펴낸이 윤다시
펴낸곳 도서출판 YEGA

주 소 서울시 영등포구 영신로 45길 2
전 화 02-2633-5462 팩 스 02-2633-5463
이메일 yegabook@hanmail.net 블로그 http://blog.daum.net/yegabook
등록번호 제 8-216호

ISBN 978-89-7567-600-0 13740